AF360031

HISTOIRE

DES

TROIS VILLES DES MUREAUX

HISTOIRE

DES

TROIS VILLES

DES

MUREAUX

PAR

ÉMILE RÉAUX

Membre de la Société archéologique de Rambouillet
et Membre correspondant
de la Société des Lettres, Sciences et Arts de Seine-et-Oise

MEULAN

CHEZ DELATOUR, LIBRAIRE

1878

HISTOIRE

DES MUREAUX

I

La ville aux gros murs.

Au devant de la colline sur laquelle se dressait autrefois le château des comtes de Meulan, s'étend une vaste plaine où, presque à chaque pas, l'archéologue et l'historien trouvent quelque nouveau sujet d'études.

A l'époque *préhistorique*, la présence de tribus celtiques, ou des populations qui les ont précédées, y est constatée non-seulement par les débris d'armes et d'instruments en silex, que le soc du laboureur amène journellement à sa surface. mais encore par plusieurs monuments mégalithiques, autour desquels des parures et des outils tout à fait primitifs ont été retrouvés parmi des ossements d'animaux sauvages, des cendres et des restes humains (1).

(1) V. notre *Histoire du comté de Meulan*, t I, p. 6. et suivantes.

A l'époque *gallo-romaine* des armes, des débris d'équipements militaires, des fragments de poterie, une lampe en bronze, une amphore élégante, des vases tant entiers qu'endommagés par l'usage, des monnaies, dont l'une à l'effigie de l'empereur Valens, avec une foule d'objets de campement, attestent le séjour des légions romaines sur ces rives aux premiers siècles de l'ère chrétienne (1).

Parfois aussi, la charrue du laboureur rencontre un obstacle plus sérieux : c'est la dalle qui recouvre la sépulture d'un guerrier ou les fondations de quelque maison abandonnée.

En cet endroit, Rolf le Marcheur battit, en l'an 885, l'armée des Franks commandée par le duc Ragnold. Le roi de France, Louis VII, y fit camper ses troupes au mois d'août 1150. Philippe de Valois, dans la première moitié du quatorzième siècle, y remporta un avantage signalé sur les Anglais qui laissèrent une grande quantité de morts sur le champ de bataille, appelé encore aujourd'hui le *Trou-aux-Anglais*. Cent ans plus tard, cette même plaine devint encore le tombeau de l'une de ces compagnies d'aventuriers qui, sous le prétexte de défendre le territoire français contre l'invasion étrangère, étaient également ennemis des deux

(1) Armand Cassan, *Statistique de l'arrondissement de Mantes.*

partis et ne vivaient que de pillages : on appelait cette troupe celle des *Faux-Visages* (1). Enfin, au mois de février 1590, l'avant-garde de l'armée que Henri IV amenait au secours du Fort de Meulan investi par Mayenne, y établit son campement pendant que l'armée de la Ligue repassait la Seine en toute hâte (2).

Autochthones ou Ligures, Celtes et Romains, Anglo-Saxons et Normands, Franks et Ligueurs ont ici laissé des traces de leur passage et trop souvent de leurs dévastations.

C'est ainsi qu'en suivant la rive gauche de la Seine jusqu'à cinq cents pas environ au-dessous du pont qui unit à Meulan les deux rives du fleuve, on aperçoit dans la plaine une ondulation de terrain

(1) C'était, dit Guillaume de Gamaches en ses mémoires, « le nom qu'on donnait à des brigands qui se masquaient « pour piller et n'être pas reconnus : sans respect pour les « églises, ils y violaient les filles, enlevaient les richesses « des monastères et les vases sacrés des autels » Gamaches « qui n'envisageait que l'honneur dans tout ce qui pouvait être utile à son souverain et à son pays » accepta la périlleuse commission de débarrasser la contrée de ce fléau. Son frère et le sire de Puisieux joignirent leurs bannières à la sienne. Cependant les *faux visages*, accoutumés à vaincre parce qu'ils ne trouvaient ordinairement à combattre que des paysans sans discipline, attendirent de pied ferme Gamaches, à Aubergenville. Ils combattirent en désespérés, aimant mieux, disaient-ils, périr par l'épée que par la corde du bourreau. Tous ceux qui ne passèrent pas par les armes furent engloutis dans les eaux de la Mauldre. Paris, chez Prault, MDCCLXXXVI, p. 93.

(2) *Hist. du comté de Meulan*, t. I, p. 62, 215, 289 et 397.

que les gens du pays appellent *la Motte* ou *les Gros-Murs*, puis, sur la lisière du bois, vers le village de Bouafle, un monticule semblable qui, de loin, ressemble au tombeau d'un géant.

Ces grands tumulus recouvrent, l'un, les ruines d'une cité gallo-romaine, l'autre, celles d'un vieux château féodal.

Le château était celui de *Macherus* dont le nom a été conservé par la tradition locale. Quant à la ville, nul n'en connaît la dénomination : c'est aux entrailles de la terre qu'il faut demander ce secret.

Si l'on en juge par l'importance des matériaux qui furent extraits de l'emplacement qu'elle occupait cette cité devait être considérable.

Sous ces champs, aujourd'hui couverts de moissons, nous avons vu des bases de murailles semblables à des fondations de palais, des restes d'habitations où l'on trouve encore un dallage et des conduits en ciment rose qui désignent ces pièces souterraines comme d'anciennes salles de bains, des portions d'aqueducs, des piédestaux de colonnes, des blocs énormes de pierres de taille ; et, parmi tous ces restes d'un passé mystérieux, on retrouve des poteries gallo-romaines en terre noirâtre, des fragments de bas-reliefs dont les personnages sont de grandeur naturelle, de larges tuiles à rebords s'emboîtant les unes dans les autres, des vases dont la pâte d'un beau rouge et d'une grande finesse est recouverte d'un vernis du plus brillant éclat, des fûts et des chapiteaux de colonnes, des bracelets en bronze, des fibules, des spatules et des instruments de chirurgie, quelques bijoux en or, des épingles en os, et dans les tombeaux, des médailles à l'effigie de Tibère, de Vespasien et surtout de l'impératrice Faustine : *Diva Augusta Faustina* (1).

Cette ville était murée et entourée d'un fossé qui, par l'abaissement de son plan, devait être alimenté par une dérivation des eaux de la Seine ou du ruisseau de Gonçin que le fleuve reçoit aujourd'hui un peu au-dessus de l'emplacement occupé par cette ancienne ville : les fouilles montrent sur plusieurs points les traces de cette enceinte continue.

Des puits, assez nombreux et parfaitement bâtis, fournissaient à la population l'eau nécessaire à ses besoins. On les retrouve, en partie comblés par des détritus de toute sorte ; quelques-uns ont été nettoyés et parmi les décombres se sont trouvés des débris d'armes, des fragments de poteries, quelques vases presque intacts et même un crâne et des ossements humains (2).

(1) Il exista deux impératrices de ce nom : l'une, femme de l'empereur Antonin, mourut vers l'an 141 ; l'autre, fille de la précédente, épousa Marc-Aurèle et fut mère de l'empereur Commode ; elle mourut en l'an 175.

(2) M. Denis Plessis, cultivateur aux Mureaux, possède

Quelle catastrophe a pu anéantir une cité de cette importance ?

On est sur ce point réduit aux conjectures.

Lors de l'occupation romaine, la grande voie de communication entre Beauvais et Orléans, connue, depuis, dans le pays Vexin, sous le nom de *chaussée de Brunehaut*, traversait la Seine en cet endroit sur un pont de bois qui, pendant bien des siècles, fut le seul que l'on pût trouver entre Paris et Rouen. Une autre route, à laquelle la tradition a conservé le nom de *Vieille-Voie* (1) et qui, dans l'origine,

encore plusieurs de ces vases avec une mâchoire inférieure humaine et quantité de débris fort intéressants trouvés dans l'un de ces puits. — Nous avons également vu chez lui une corbeille pleine de monnaies romaines trouvées sur l'emplacement de la ville *aux gros murs*, avec des vases gallo-romains parfaitement conservés, des bijoux, des épingles en os, des stylets en bronze, etc., etc. — Nous-même, nous possédons beaucoup d'objets de même nature trouvés sur le même emplacement et entre autres choses : une aiguière bien conservée, une urne funéraire renfermant encore des cendres et des fragments d'étoffe carbonisée, une urne, dite lacrymale, deux petites lampes en terre cuite, etc.

(1) « Il y avait autrefois, dit une note de M. Vion d'Hé-
« rouval, une chaussée pavée qui venait droit de Vigny
« tendre au moulin de Metz, au-dessous de Gaillon ; puis,
« cotoyant les étangs de Meulan, au pied de Hardricourt,
« allait joindre la rue des *Belles-Femmes*, au bout de la-
« quelle se trouvait un pont de bois pour passer en l'île
« Saint-Côme, et de l'autre côté de l'île, quasi vis-à-vis de
« ce pont, rencontrait un autre pont de bois aboutissant
« au lieu appelé présentement *La Motte*, où jadis était
« bâtie, suivant la tradition, la ville ou village des Mu-
« reaux, et, de fait, où l'on trouve encore quantité de mé-
« dailles et de tombeaux romains. De là, cette chaussée se
« rendait à la vieille voie qui était, comme je crois, le

paraît avoir été le grand chemin de Paris à Rouen,
s'y venait joindre à la route de Beauvais, en même
temps qu'un autre *chemin perré* qui, partant de
Dreux, se dirigeait vers le nord de la France en
passant par Tacoignières, Osmoy, Elleville (où plus
tard les comtes de Montfort percevaient un péage
important), Jumeauville et Epône (1).

Cette situation, en favorisant le développement
et le commerce de la cité, exposait celle-ci davan-
tage en cas d'invasion.

Aussi, quand au quatrième et au cinquième
siècle, les peuples d'Outre-Rhin se ruèrent sur la
Gaule, cette ville dut être ruinée de fond en com-
ble, car les monuments et les objets recueillis ap-
partiennent indistinctement à l'époque gallo-romaine. Les invasions austrasiennes et normandes
achevèrent, sans doute, ce qu'avaient commencé
d'autres conquérants : la ville saccagée fut abandonnée pendant un assez long temps et les terres
des alentours restèrent sans culture, ainsi que le
constatent, aux siècles postérieurs, les titres des
monastères voisins par les grands travaux de défri-
chement entrepris dans cette plaine.

Enfin, perdant jusqu'au souvenir du nom que

« grand chemin de Paris à Rouen. » (*Collection Levrier,*
mss.)

(1) **V.** *Recherches sur les anciens chemins de l'Iveline,*
par **M. A.** de Dion, Chartres, 1871.

cette cité avait porté, les nouveaux habitants du pays donnèrent à ses ruines l'appellation significative que l'emplacement a conservée jusqu'à nos jours : *la Ville aux gros murs.*

II

La ville des Murets.

A la fin du dixième siècle, alors que se rebâtirent une foule de villages détruits pendant la dernière invasion germanique (1), le pont de Meulan fut reconstruit et, pour se rendre maître du passage, le comte Robert Ier fortifia l'île du *Long-Boyau,* appelée, depuis, le *Fort de Meulan,* et jusqu'alors, habitée par quelques pêcheurs.

Il est permis de penser qu'à cette même époque, sur l'emplacement de l'ancienne ville *aux gros murs,* eut lieu l'établissement d'un nouveau centre de population dont les documents écrits des siècles postérieurs constatent l'existence sous le nom de *Murets* ou *Muriaux,* et devenu, par sa situation, l'entrepôt d'un commerce important entre la Beauce, le Vexin et la Picardie (2).

(1) V. *Hist. de la seigneurie de Mézy,* p. 5 et suiv.

(2) Collection Filassier, *Registre de Saint-Nicaise. —* Collection Levrier, *Recueil des preuves. — Archives de l'Hôtel-Dieu de Meulan. — Déclarations à la cour des comptes.*

Une charte du monastère de Saint-Nicaise, de Meulan, classée à l'année 1130, établit que ce fief, qui faisait partie du domaine patrimonial de Robert II, comte de Meulan, fut, sinon après la mort de ce seigneur, au moins après le décès de Hugues Ier, dit la *Tête-d'Ours*, son fils aîné, mort sans enfants, compris dans le lot de Richard de Neaufle, le plus jeune des fils de Robert (1).

Ce premier partage eut lieu vers l'an 997, et le second en l'année 1015.

Richard, du consentement de son frère Galeran Ier, seigneur suzerain, détacha de son domaine les terres d'Epône, de *Muriaux* et de Mézières, pour en former la dot de sa fille Ramsuinde qu'il maria à Gaultier Ier, dit *Paganus*, vicomte de Meulan et seigneur du château de Mézy, qui, de concert avec sa femme, fit donation, sur ce fief de Muriaux, à l'église de Saint-Nicaise, d'une terre rapportant v sols (2).

Vers l'an 1070, Gaultier, étant demeuré veuf, convola à de secondes noces.

« Alors, dit la *Chronique de Saint-Nicaise*, de
« grandes contestations, relatives à la dot qui avait
« été constituée à la défunte épouse, s'élevèrent
« entre les deux familles, puis des arrangements

(1) *Registre de Saint-Nicaise.*
(2) *Registre de Saint-Nicaise.*

« furent pris de telle sorte qu'une partie des droits
« seigneuriaux rentra dans la maison de l'épouse,
« et que le seigneur de Mézy conserva le fief de
« Muriaux avec une portion de la terre d'Epône. »

Cependant, sur la représentation des religieux de
Saint-Nicaise, Gaultier II, surnommé *Aiou*, fils de
Gaultier Paganus, et d'une seconde femme nommée
Hodierne, « ne voulant pas retenir injustement un
« bien qui ne lui appartenait pas, » fit, pour son
propre salut et pour le repos des âmes de ses an-
cêtres, mais, sous la réserve de ses droits seigneuriaux, donation au monastère « du village de Mu-
« riaux avec ses appartenances. »

Cette donation faite, comme nous l'avons dit, en
l'année 1130, fut confirmée, en 1141, par le fils de
Gaultier *Aïou* qui, aux libéralités de son père,
ajouta « la haute justice avec four banal et mesure
« à vin (1). »

Fief et justice se trouvant réunis dans la main
du prieur de Saint-Nicaise, celui-ci devint, sous la
protection du comte de Meulan, seigneur des Mureaux.

Quelques inféodations, néanmoins, avaient été
faites déjà, soit par Gaultier *Paganus*, soit par
Gaultier *Aïou* lui-même, et certaine portion, aussi,
de la terre des Mureaux était rentrée dans la maison

(1) V. *Hist. de la seigneurie de Mézy*. p. 31 et suiv.

de Neaufle après la mort de Ramsuinde, car, au siècle suivant, dans l'aveu rendu au roi par le vicomte de Meulan, seigneur de Mézy, celui-ci déclare qu'il possède aux Mureaux un fief tenu par Jean d'Epône... *et apud Murellos feodum Johannis de Spedona;* en 1270, on voit encore un Mathieu des Mureaux dans un *aveu* rendu pour un fief situé à Origny, en Brie; en 1284, vénérable homme, seigneur Guillaume des Mureaux, *legum professorum*, est nommé arbitre pour le couvent et l'église de Saint-Martin de *Salicosa* (aujourd'hui Saulceuse, Eure), relativement à des difficultés pour les dîmes des paroisses de Tilly, Saint-Sulpice, Héricourt et Heubecourt; enfin, par un *aveu* du 8 février 1366, Jehan d'Aigreville, châtelain de Neaufle-le-Chastel, déclare tenir du roi de France, « à cause de sa comté de Meullent, » le fief que feu messire Pierre de Launoy possédait aux *Mureaulx* (1).

Mais aucune de ces déclarations n'infirme la donation de Gaultier *Aïou* et ne porte atteinte aux droits seigneuriaux que conféra au monastère de Saint-Nicaise le diplôme de l'année 1141, sur le village et la seigneurie des Mureaux.

Nul document historique ne nous permet d'ap-

(1) Communication de M. Brochet. d'Epône, membre de la Société archéologique de Rambouillet.

précier quelle était à cette époque l'importance de cette seigneurie; toutefois les termes de la donation de Gaultier *Aïou* et l'appellation populaire de *Murets* donnée au nouveau village, par opposition sans doute à la primitive importance de la *ville aux gros murs*, autorisent à croire que ce domaine était alors plus considérable par son commerce que par l'étendue de son fief.

D'après le Pouillé chartrain de la seconde moitié du treizième siècle, l'église des Mureaux avait 291 paroissiens et donnait 37 livres 10 sols de revenu (1).

Les produits de l'autel, de la dîme et des sépultures, suivant le *Registre de Saint-Nicaise*, étaient d'ailleurs fort restreints. Les constructions, comme toutes celles de l'époque, devaient être bien modestes. Aussi ces frêles demeures, bâties sur d'impérissables fondations, purent-elles facilement se déplacer quand la construction du grand pont de pierre, de Méulan, qui remplaça le vieux pont en bois des Murets, entraîna le déplacement de la route d'Orléans, à laquelle cette cité était redevable de son commerce.

Cette construction, due à la comtesse de Meulan, Agnès de Montfort, femme de Galeran II, alors en Palestine, remonte à l'année 1148.

(1) **Communication de M. Brochet.**

De cette époque, date aussi l'édification de la maladrerie de Comtesse, la construction de l'église qui, devenue la paroisse du nouveau village, fut abattue en 1590 parce qu'elle gênait la défense du Fort de Meulan, et enfin la mise en culture de vastes terrains en friche situés sur le bord de la Seine, entre le village actuel des Mureaux et la seigneurie de Verneuil.

C'est donc pendant la seconde moitié du douzième siècle qu'il faut placer l'abandon de la ville des *Murets* par ses habitants et leur établissement sur l'emplacement que le village occupe aujourd'hui.

III

La ville des Mureaux.

La route d'Orléans, dans l'origine, se dirigeait des *Murets*, par Flins et les *Monts-Boulets*, vers Montfort-l'Amaury, en traversant la Mauldre à gué, un peu en avant du château-fort de Maule, auprès du moulin *de la Chaussée*, dont le nom seul est un jalon (1).

(1) On retrouve entre Flins et Maule, depuis le *chemin des Rouliers* jusqu'au pied des *Monts-Boulets*, un tronçon de cette chaussée, abandonné depuis longtemps par la circulation. L'herbe a recouvert cette vieille route, mais la solidité et le mode de sa construction ne permettent pas d'y méconnaître une voie romaine qui, jusqu'à nos jours, est demeurée, entre Maule et Meulan, le chemin des piétons ;

Après la construction du grand pont de Meulan, elle suivit la direction de Fresne (Ecquevilly) où la comtesse possédait un *hostel* de plaisance, traversa la forêt des Alluets par la *Croix-des-Treize-Voies*, et vint passer la rivière à Maule sur le *pont Rouge*, pour, de là, se diriger tout droit par Marcq et Bardelle sur Montfort, berceau de la jeune comtesse de Meulan (1).

Une solide chaussée unissait cette route au pont de Meulan défendu par le fort de la Sangle.

A peu de distance de l'endroit où cette chaussée se confondait avec la terre ferme, sur une éminence qui porte encore aujourd'hui le nom de *vieux Cimetière*, s'éleva l'église de la nouvelle ville des Mureaux : cet édifice, l'un des plus remarquables de l'époque, disent les chroniques locales, était bâti sur le modèle de la chapelle de Saint-Jean-d'Acre dont Agnès de Montfort, en mémoire du voyage en Terre-Sainte de son mari, s'était procuré les plans par un écuyer de celui-ci.

Peu à peu, des maisons se groupèrent autour de l'église, d'autres s'alignèrent de chaque côté de la route ou s'éparpillèrent au bord du ruisseau : la nouvelle ville fut fondée.

C'était une ville singulière...

son prolongement, entre Maule et Montfort-l'Amaury, a conservé l'appellation de *route d'Orléans*.

(1) V. *Hist. de Maule*, p. 141.

« En parcourant les Mureaux, écrivait au siècle
« dernier un vieux collectionneur (1), on est tout
« surpris de voir des chaumières décorées exté-
« rieurement comme des palais, et des murs de
« clôture construits avec les débris d'un temple ; le
« banc de pierre, sur lequel le laboureur se dé-
« lasse le soir de son labeur quotidien, repose sur
« des fûts de colonnes ; la margelle de son puits est
« creusée dans un chapiteau antique et l'auge en
« pierre dans laquelle il abreuve ses bestiaux a
« servi de sépulture à quelque consul romain. »

C'est qu'en effet, la partie supérieure des ruines
de la ville *aux gros murs* a été employée à la construction de la ville actuelle.

Ces emprunts sont encore fréquents. Lorsque le
propriétaire d'un champ du terroir de *La Motte* a
besoin de construire, il ouvre une tranchée dans sa
pièce de terre et se procure ainsi et tout œuvrés les
matériaux qui lui sont nécessaires. Or, si de nos
jours la tradition a appris aux habitants des Mureaux que, sous leurs héritages, sont de productives
carrières, il est évident que ce qui se passe aujour-
d'hui s'est accompli précédemment, et sur une
échelle d'autant plus vaste que l'extraction était
moins difficile.

(1) **M.** Leblond, tabellion royal à Meulan, auteur de
plusieurs notes manuscrites sur Meulan et les environs,
qu'il a laissées à **M.** Filassier, notaire à Maule.

Ainsi furent bâtis, l'ancien presbytère, dont les vieillards du pays ont vu les ruines, le moulin *banal* que les religieux de Saint-Nicaise avaient fait édifier au pied du monticule sur lequel était bâtie l'église, le *manoir* ou maison seigneuriale, et quantité d'habitations que l'on voit encore debout, grâce à la solidité des matériaux employés dans leur construction.

Le prieuré de Saint-Nicaize avait aussi en la nouvelle ville des Mureaux un four *banal* et un pressoir à grand fût pour l'usage des habitants de la seigneurie.

Des difficultés survinrent au sujet de ce four.

Afin de s'exonérer du droit que les religieux prélevaient sur la cuisson de chaque ménage, certains habitants firent, dans leurs demeures, construire des fours particuliers. Un décret du roi Philippe-Auguste reconnut les religieux *fondés en droit* et ordonna la démolition de tous les fours construits dans l'étendue de la seigneurie des Mureaux. Une protestation des habitants provoqua une nouvelle enquête. Des lettres, du mois de février 1224, adressées en mandement à Guillaume de Villetertre, connétable de Vexin, par le roi Louis VIII, alors au château de Meulan, ordonnèrent de procéder « à ce qui serait reconnu juste et « raisonnable. »

Le prieuré s'appuyait sur la charte de donation de Gaultier III, vicomte de Meulan et ancien seigneur des Mureaux ; les habitants basaient leurs prétentions sur les franchises octroyées par le comte Robert IV, en sa charte de commune, non-seulement à la ville de Meulan mais encore à sa *banlieue*, c'est-à-dire à tout le territoire situé à une lieue autour de la cité.

Les habitants succombèrent, car dans un inventaire des biens appartenant au prieuré en l'an 1319, on lit : « *Item*, en la ville des Mureaulx, nous avons « un four bannier qui soulloit (1) estre baillé à « ferme, par chascun an, moyennant lxxiiij sols « parisis (2). »

Les possessions du prieuré venaient de s'augmenter des biens de Guillaume du Jardin et de sa femme, Eremburge, habitants de la paroisse des Mureaux.

Ces deux époux, demeurés sans enfants et n'ayant personne qui pût prendre soin de leur vieillesse, demandèrent « à être associés aux prières du mo-« nastère. » Les religieux ayant accueilli favorablement leur requête, Guillaume et Eremburge, par un acte du vendredi 5 février 1283, firent donation « à monseigneur saint Nicaise » de tout

(1) *Soulloit* avait coutume.
(2) *Registre de Saint-Nicaise.*

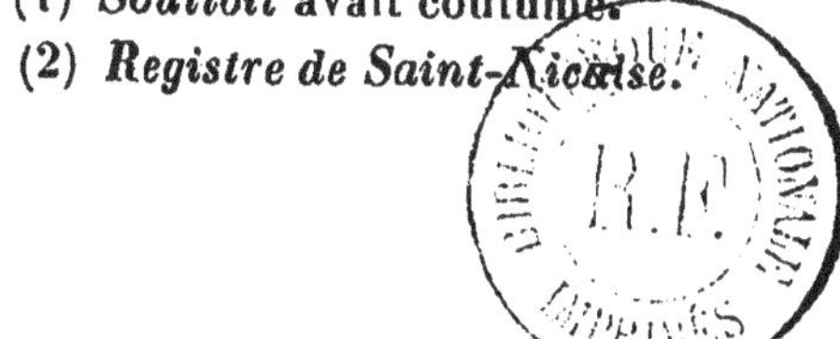

ce qu'ils possédaient, et sous la réserve d'une pension alimentaire, le mari s'engagea à travailler pour le monastère tant que ses forces le lui permettraient (1).

Ce sont ces terres qui portent encore aujourd'hui le nom de *prés Saint-Nicaise*.

Au prieur du monastère, seigneur haut-justicier des Mureaux, appartenait encore le patronage de l'église paroissiale et la nomination du chapelain de la maladrerie de Comtesse.

IV

La maladrerie de Comtesse.

La maladrerie de Comtesse, fondée par Agnès de Montfort, était un hôpital affecté surtout aux infortunés atteints de l'horrible maladie de la lèpre dont les principes contagieux obligeaient aux plus rigoureuses précautions (2).

C'était une grande et triste maison, isolée au milieu des champs, entre la seigneurie des Mureaux et le village de Chapet. La route de Fresne bordait un côté de son vaste enclos qui renfermait, en outre,

(1) *Registre de Saint-Nicaise.*
(2) V. *Hist. du comté de Meulan*, t. I, p. 212.

une chapelle dont on voyait encore les quatre murailles nues au moment de la Révolution.

Cet hôpital, desservi par les chevaliers de Saint-Jean de Jérusalem, était, suivant les intentions de sa fondatrice, destiné non-seulement aux hommes de guerre, mais encore « à tous les pôvres lespreux « de la terre et conté de Meullent, »

La généreuse et compatissante Agnès dota l'établissement de « soixante arpents de terre sis au lieu « dit *la Couture*, d'un moulin et de deux arpents « de pré y attenant, d'un arpent de vigne derrière « l'hostel et de plusieurs *cens* et *censives*. » Chaque année, il se tenait aux Mureaux une foire célèbre. Les droits perçus sur les places occupées par chaque marchand, les redevances exercées sur les têtes de bétail vendu, sur le mesurage des grains et des vins, le langueyage des porcs, l'aunage des tissus, la permission des blanques, des jeux de quilles et autres divertissements étaient réservés aux lépreux de Comtesse et s'ajoutaient à leurs revenus.

Cette foire, sous le patronage de Saint-Simon et de Saint-Jude, durait trois jours, du 28 au 31 octobre. Des marchands de tous les pays s'y donnaient rendez-vous. Les habitants de la Beauce, de la Normandie et même de l'Amiénois y venaient faire leur provision de « vin de France, » qu'ils transportaient par la Seine, par l'Oise ou par la route d'Orléans. On y trouvait aussi beaucoup de lainages bruts et de bonneterie fabriquée (1).

Lors de la réunion du comté de Meulan à la couronne, la foire des Mureaux attira l'attention des agents du fisc qui revendiquèrent, au profit du domaine royal, le *droit de justice* sur ces foires « jadis octroyées par les prédécesseurs du seigneur « roi de France. »

Robert de Poissy, seigneur de Fresne, Amaury le Vicomte, seigneur de Mézy, et Elisabeth d'Aubergenville, veuve de Roger de Meulan, vicomte d'Evreux, prétendirent alors que cette justice, ainsi que les autres droits de fief, leur appartenait comme héritiers des anciens seigneurs du lieu.

La maladrerie de Comtesse, propriétaire du terrain sur lequel se tenait la foire, se porta défenderesse. Une enquête fut ordonnée.

Les droits des lépreux et ceux des représentants des anciens seigneurs suzerains se trouvant le mieux justifiés, ceux-ci, par arrêt de la Cour de l'année 1259, furent envoyés en possession, chacun pour un quart, et Bérenger Rabot, bailli de Meulan, stipulant pour le roi, se trouva débouté de sa demande (2).

(1) *Cartulaire de Saint-Nicaise.* — *Déclarations à la cour des comptes*, années 1259 et 1489. — *Archives de l'Hôtel-Dieu de Meulan.*

(2) Collection Levrier, *Recueil des preuves.* — Collection Filassier, *Registre de Saint-Nicaise.*

Depuis, et par suite de diverses donations, ces droits passèrent entièrement à la maladrerie de Comtesse, puis à l'Hôtel-Dieu de Meulan, par la réunion de ces deux établissements, conformément à l'édit du roi Louis XIV, ainsi conçu :

Louis, par la grâce de Dieu, roi de France et de Navarre, à tous présents et à venir salut :

..... Désirant que nos édits et déclarations des mois de mars, avril et août 1696, soient exécutés selon leur forme et teneur..., ordonnons que l'hospitalité sera rétablie pour les pauvres malades en l'Hôtel-Dieu du fort de Meulan, ou autre lieu convenable audit fort de Meulan, auquel Hôtel-Dieu par ces mêmes présentes nous avons joint, réuni et incorporé, joignons, réunissons et incorporons les biens et revenus de la Maladrerie de Comtesse-les-Meulan, pour en jouir et de ceux dudit Hôtel-Dieu, à commencer du 1er juillet 1695, et être lesdits revenus employés à la nourriture et entretien des pauvres malades qui seront reçus audit Hôtel-Dieu, à la charge de satisfaire aux prières et services de fondation dont pourrait être tenu ledit Hôtel-Dieu et ladite Maladrerie, et de recevoir les malades de la paroisse des Mureaux, en laquelle est située ladite Maladrerie, à proportion de son revenu, et sera ledit Hôtel-Dieu régi et gouverné par des administrateurs de la qualité portée par les ordonnances et suivant les statuts et règlements qui seront faits.

Et en conséquence nous ordonnons que les titres et papiers concernant ledit Hôtel-Dieu et ladite Maladrerie, biens et revenus en dépendant, seront délivrés auxdits administrateurs dudit Hôtel-Dieu, à ce faire, les dépositaires contraints par toutes voies, ce, faisant, ils en demeureront bien et valablement déchargés.

Si donnons en mandement à nos amés et féaux conseillers, les gens tenant notre cour du Parlement de Paris, que ces présentes ils fassent registrer et de leur contenu jouir et user lesdits administrateurs dudit Hôtel-Dieu de Meulan et ceux qui leur succéderont en ladite qualité, pleinement, paisiblement et perpétuellement, cessant et faisant cesser tous troubles et empêchements, nonobstant tous édits, déclarations, arrêts et règlements à ce contraire auxquels nous avons dérogé et dérogeons de par ces susdites présentes, car tel est notre plaisir.

Et afin que ce soit chose ferme et stable à toujours, nous avons fait mettre notre scel à cesdites présentes.

Donné à Versailles, au mois de décembre de l'an de grâce 1696 et de notre règne le cinquante-quatrième.

Signé, LOUIS.

Par le roy, signé, PHELYPEAUX.

Grâce aux libéralités de plusieurs personnes pieuses et notamment de la comtesse Mathilde de Cornouailles (1), le domaine de la maladrerie des Mureaux, lors de sa réunion à l'Hôtel-Dieu de Meulan, se composait, indépendamment de la maison d'habitation et de l'enclos dans lequel elle se trouvait construite, de cent arpents de terre et vigne.

Le tout, loué actuellement en trente-cinq lots, produit un revenu de 5,100 francs.

(1) Mathilde de Cornouailles était fille de Renaud d'Unstanville, bâtard de Henri Ier, roi d'Angleterre. Elle était devenue comtesse de Meulan par son mariage avec Robert IV, fils de Galeran II et d'Agnès de Montfort. Elle est appelée, dans les titres de l'Hôtel-Dieu de Meulan, Ide-Mathilde.

V

Le château de Mâcherus.

La fondation et la dotation de la maladrerie de Comtesse, la donation par Agnès de Montfort aux religieuses de Hautes-Bruyères, en 1148, l'abandon fait, l'année suivante, par Galeran II à l'abbaye du Vœu de cette étendue de landes et de bois qui, mise en culture, devint la ferme de Valence, montrent bien que les comtes de Meulan, dans les partages de 997 et de l'an 1015, avaient gardé, avec une certaine partie du domaine utile, différents droits seigneuriaux sur la portion d'héritage qu'ils abandonnaient à leurs puînés.

Le château de Macherus en est une autre preuve.

Sa construction, qui remonte à l'année 1036, est due à la circonstance suivante :

Galeran Iᵉʳ, mécontent de la cession faite du Vexin-Français par le roi de France, Henri Iᵉʳ, au duc de Normandie qui l'avait aidé à reconquérir le trône usurpé par un frère puîné, refusa son *hommage* au nouveau suzerain : celui-ci confisqua les terres que le comte de Meulan possédait dans son duché.

A titre de représailles, Galeran porta les mains

sur les terres de l'abbaye de Jumiéges situées dans son comté.

La guerre devint imminente.

Mais, à la prière des religieux de Jumiéges, les deux adversaires se réconcilièrent. Le duc restitua à Galeran ses domaines, et celui-ci promit en revanche de prendre sous sa protection les biens du monastère. A cet effet, il fit bâtir dans la plaine des Mureaux, à peu de distance du village de Bouafle, où l'abbaye possédait un prieuré important, un château destiné à couvrir la rive gauche de la Seine (1).

Le château de Macherus n'eut, en effet, d'autres seigneurs que les comtes de Meulan jusqu'à l'époque de la réunion de leur domaine à la couronne, c'est-à-dire jusqu'en l'année 1204.

Le roi de France, ainsi que le constate un *aveu* des « hommes de Bouafle, » en devint alors le seigneur immédiat (2). Quelques années plus tard, en récompense des bons services de Thibault-le-Jeune, son pannetier, le roi Philippe-Auguste lui fit donation de ce fief, avec le droit de le transmettre de mâle en mâle à ses héritiers de descendance légitime et sous la condition que cette seigneurie rele-

(1) *Registre de Saint-Nicaise.*

(2) *Homines Boalfæ debent singulis annis centum solidos pro placitis communibus forestæ et per hæc habent mortuum...*, etc. (Recueil d'Hérouval.)

verait directement du roi et de ses successeurs, en hommage lige.

Cette charte de donation porte la date du mois de mai de l'an 1220 (1).

La terre de Macherus valait alors douze livres de cens annuel payables à la Saint-Remi. Considéré comme fief militaire, ce domaine était en grande partie inculte. Thibault le Jeune, d'accord avec sa femme, Alix de Fresne, concéda aux religieux de Saint-Nicaise une certaine étendue de terrain situé entre son château et la *Vieille-Voie :* la mise en culture de ces landes fut la première conséquence de cette concession qui reçut, après la mort des deux époux, la confirmation de leur fils, Hugues, héritier de la seigneurie de Macherus.

Depuis cette époque, grâce aux cent années de paix qui succédèrent dans la contrée aux bouleversements dont elle avait été le théâtre, le château de Macherus perdit son importance militaire.

Au siècle suivant, il passa aux mains des seigneurs de Fresne par l'extinction des descendants de Hugues de Macherus (2) : dès-lors le vieux

(1) *Philippus Dei gratiâ Francorum rex..... quod nos Theobaldo Juveni Paneterio nostro et hæredi suo masculo ab uxore suâ desponsatâ dâmus et concedimus in feodum et homagium ligium terram de Macheru quæ valet in censibus in festo Sancti Remigii duodecim... anno MCCXX mense maio.* (Recueil d'Hérouval.)

(2) Aveux et dénombrement de la seigneurie de Fresne.

manoir ne fut plus qu'une exploitation agricole.
Les guerres avec les Anglais achevèrent ce qu'avait
commencé la négligence du seigneur, trop souvent
absent de ses terres : le château tomba en ruines,
et le temps fit si bien son œuvre que, lorsque
M. François de Blois, lieutenant au bailliage de
Meulan, s'occupa pendant la seconde moitié du dix-
septième siècle de réunir les matériaux pour son
Histoire de Mantes et de Meulan dont il nous reste
quelques fragments, il fut obligé, sur l'avis de
M. Vion d'Hérouval, garde du trésor des chartes du
roi, de s'adresser au seigneur de Becheville pour
que celui-ci lui fît voir l'emplacement où, naguère,
était bâti le château de Macherus « dont il ne restoit
« aucune trace ni vestige apparents. » Tout avait
disparu ; les ruines elles-mêmes avaient péri.....
« *Etiam perierunt ruinœ!...* »

Mais, à cet endroit, les champs ont conservé le
nom de *Petits-Macherus*, pour la portion appartenant au prieuré, et des *Grands-Macherus*, pour les
terres dépendant autrefois du château (1).

(1) Une rue des Mureaux porte l'indication de *rue des
Macherus* : il nous paraîtrait plus rationnel d'écrire sim-
plement [rue de *Macherus*, c'est-à-dire *du Château* (sous-
entendu) *de Macherus*.

VI

L'hostel de Beauséjour.

Sur l'emplacement qu'occupe aujourd'hui l'église des Mureaux, s'élevait, au moyen âge, un manoir seigneurial qui faisait partie du domaine privé des comtes de Meulan.

C'était là que logeait leur grand veneur avec son équipage des chasses.

On montre encore, sur le territoire de Bouafle, le sentier par lequel passaient les gens du comte lorsqu'il allait courre le cerf ou le sanglier dans la forêt des Alluets : ce chemin a conservé le nom de *sente aux Chiens*. Les varlets du veneur devaient y passer en tenant deux chiens en laisse.

Lors de la réunion du comté à la couronne, les rois de France, succédant à tous les droits des comtes de Meulan, continuèrent d'entretenir une meute aux Mureaux, et lorsqu'en exécution des dernières volontés du roi Philippe le Hardi, Louis, son fils du second lit, reçut en apanage les domaines de Beaumont-le-Roger et de Meulan, ce prince « grant amateur du déduict et exercice de la vé- « nerie print plaisir à augmenter et embellir l'hos-

« tel de la muette aux Muriaux (1). » De là, proba-
blement, le nom d'*hostel de Beauséjour* qui fut
donné à cette résidence.

Philippe de France, surnommé le Bon, roi de
Navarre et comte d'Evreux, succéda à l'apanage de
son père, Louis de France, mort le 19 mai 1319.

Ce prince habita longtemps l'*hostel de Beauséjour* « et moult y festoya son amé cousin le roy
« Philippe de Valois. » Sa grand'mère, Marie de
Brabant, veuve de Philippe le Hardi, que des fêtes
magnifiques, aussitôt changées en un grand deuil,
avaient attirée à la cour de son petit-fils, y mourut
le 12 janvier 1321. Son corps fut transporté à Paris
et inhumé aux Cordeliers où l'on voyait encore son
tombeau en 1791.

C'est encore à l'hôtel de Beauséjour que, le 19 février 1350, Jean le Bon, roi de France, épousa
Jeanne, comtesse de Boulogne, veuve de Philippe
de Bourgogne, comte d'Artois. (2) « Le roi Jehan,
« dit Du Tillet, estant à Muriaux, près Meullent,
« y fust conjoinct par mariage au même an 1349,
« avant Pasques, le xjx iour de février, avec
« Jehanne, fille de Marguerite d'Evreux et de

----

(1) *Meute* s'écrivait autrefois *muette :* de là ce nom de
Muette qui est resté à une foule de rendez-vous de chasse
et d'anciennes véneries.

(2) Sainte Marthe, *Hist. généalogique de la maison de
France,* liv. IV, p. 179.

« Guillaume, comte de Bolongne et d'Auvergne ;

laquelle Jehanne estoit lors de ce mariage, vefve
« de Philippe de Bourgogne comte d'Artois, duquel
« elle avoit eu un prince du mesme nom. »

Ce manoir, par suite d'un traité conclu à Avignon, dès le 14 mai 1335, était rentré dans le domaine de la couronne ; néanmoins le roi de Navarre, par suite de son intimité avec le roi de France, avait continué d'en jouir jusqu'à l'époque de sa mort et sa veuve d'en faire, depuis, sa résidence.

L'avénement au trône du roi Jean vint troubler cette paisible mais illégitime possession : Charles le Mauvais, fils du défunt roi de Navarre, qui aspirait au trône et regardait les Valois comme les usurpateurs de son héritage, prit ce prétexte pour lever l'étendard de la révolte.

Ce fut le prélude de cent années de guerre (1).

Lorsque la tranquillité revint, le brillant hôtel de Beauséjour était bien déchu de son ancienne splendeur : dans un compte du domaine de Meulan, de l'année 1569, il ne figure plus que pour un revenu de viij livres parisis sous la dénomination de
« maison appelée le séjour du roy, et consistant en
« ung pavillon en ruines, une basse maison, ung
« fournil, une grange avec écuries, étables, colom-
« bier et pressoir (2). »

(1) V. *Hist. du comté de Meulan*, t. I, p.
(2) Collection Levrier, *Recueil des preuves.*

A la fin du même siècle, l'ancien hôtel de Beau-séjour n'était plus qu'un terrain appartenant *aux plaisirs du roy* : ce fut cet emplacement qui fut choisi pour y édifier la nouvelle église paroissiale.

VII

Décadence de la ville.

La ville des Mureaux avait beaucoup souffert.

« Les guerres avaient anéanti son commerce, « détruit son moulin, ruiné les routes, endommagé « les héritages et réduit ses maisons en masures. » La population, en proie à la misère, se trouva dans l'impossibilité de pourvoir à la cotisation qui lui était imposée dans les charges communales de la ville de Meulan, auxquelles elle avait toujours participé.

Un arrêt, émané du Grand-Conseil, le 6 juillet 1544, fit défense aux habitants de Meulan de comprendre, à l'avenir, dans leur cotisation « les « manants et habitants des Mureaux. »

Il fut signifié en ces termes :

Bertrand de la Motte, conseiller du roy, nostre syre, en son Grand-Conseil et commissaire par iceluy député en cette partie, au premier huissier dudict conseil, salust,

Comme en procédant par nous à l'exécution d'un certain arrest donné au conseil, le 6 juillet dernier, entre les

manants (1) et habitants de la ville et paroisse des Mureaux,
à l'encontre des manants et habitants de la ville et fort de
Meullent, aurions entre autres choses ordonné que cet arrêt
serait exécuté, quant à ce, selon sa forme et teneur, et, en
ce faisant, que les deniers prins par lesdits habitants de la
ville et fort de Meullent seraient rendus et restitués auxdits
habitants des Mureaux, et que inhibition et défense soient
faites auxdits manants et habitants de ladicte ville et fort
de Meullent, sous certaines grandes peines du roy appli-
quées, de dorénavant taxer ou cotiser lesdits habitants des
Mureaux.....

Mandons et ordonnons à tous justiciers et officiers dudit
seigneur que à vous, en ce faisant, soit obéi.

Donné à Paris, le jx iour d'aoust M·C·xxxxiiij.

De nouvelles épreuves étaient réservées aux habitants des Mureaux.

Lors du siége de Meulan par l'armée de la Ligue,
le duc de Mayenne s'empara de la ville des Mureaux et s'y fortifia après un combat meurtrier
soutenu par le régiment du colonel de Jaulge contre
les défenseurs du fort de Meulan.

Après plusieurs sorties des assiégés, le duc, re-
connaissant l'impossibilité de s'emparer de la place
avant qu'une brèche fût praticable, fit établir sur
les voûtes de l'église des Mureaux une batterie
composée de quatre pièces de fort calibre et de deux
couleuvrines destinées à battre la porte de la Sangle

---

(1) Le mot *manant*, rendu injurieux par la suite, signi-
fiait alors habitant du bourg ou de la ville, du latin *ma-
nens*, demeurant.

qui défendait l'entrée du grand pont de Meulan. Un pan de mur s'écroula. L'assaut fut donné. Mais les assiégés firent si bonne contenance que les assaillants durent se retirer après avoir perdu deux cents hommes et laissé cinquante prisonniers aux mains des Meulanais.

Le lendemain, les Ligueurs tentèrent un nouvel assaut par la chaussée des Mureaux. L'artillerie de la porte de la Sangle les obligea d'abandonner la chaussée et les rejeta en désordre dans leurs retranchements.

Dans la soirée, le duc de Mayenne fit demander au gouverneur du Fort la permission de faire retirer ses morts de la brèche : une énorme tranchée, pratiquée dans le cimetière des Mureaux, fut le tombeau des soldats de la Ligue.

L'arrivée du roi détermina Mayenne à abandonner les Mureaux et à faire repasser la Seine à ses troupes.

Cependant le gouverneur du fort, craignant un retour offensif des assiégeants, conseilla le décintrement des voûtes de l'église des Mureaux d'où l'artillerie ennemie, par son tir plongeant, avait fait tant de mal à la porte du Grand-Pont. Henri IV fit plus. Il ordonna la démolition de l'église.

Trois ans plus tard, une nouvelle paroisse était construite aux frais de l'État sur l'emplacement de l'ancien hôtel de Beauséjour.

Mais l'État était pauvre et le nouvel édifice se trouva être peu du goût des habitants : un acte de notoriété, du 7 août 1594, constatant sa prise de possession par le curé et les paroissiens, établit en même temps que ceux-ci ne considéraient leur nouvelle église que comme une simple chapelle en la comparant à leur ancienne paroisse qui, disaient-ils, valait trente fois mieux.

Cette église est la paroisse actuelle des Mureaux.

VIII

Le manoir seigneurial.

En cette nouvelle ville des Mureaux, les prieurs de Saint-Nicaise, seigneurs haut-justiciers, possédaient un manoir qui était « la marque de leur « fief. »

Agrandi par les religieux au fur et à mesure des besoins et de l'augmentation de leurs possessions particulières, ce manoir, dont un moine dirigeait l'exploitation, était compris entre la Grande-Rue, la rue Saint-Roch et les prés Saint-Nicaise. Là étaient le four banal et le pressoir de la seigneurie.

Mais les guerres avaient fortement endommagé ce domaine, et, pendant la seconde moitié du quinzième siècle, ses bâtiments tombaient en ruines.

Se trouvant dans l'impossibilité de faire les réparations nécessaires, car les revenus temporels du monastère étaient considérablement diminués par la détresse ou la mortalité de la plupart des *censitaires*, le prieuré consentit, en faveur de messire Jehan de Vion, l'aliénation de la seigneurie des Mureaux.

Cette cession fut consentie moyennant une rente seigneuriale de xxjx livres tournois payable au jour de la Saint-Remi d'octobre et à la charge de *foi et hommage* envers le monastère (1).

Le nouveau seigneur des Mureaux était lé second fils de Pierre de Vion, chevalier, seigneur de La Barre en la châtellenie de Poissy, et de dame Colette de Mauquarret, tous deux d'ancienne noblesse bourguignonne, qui, après la mort de Charles le Téméraire, étaient venus s'établir en France où leurs descendants possédèrent les fiefs de Tessancourt, de Gaillon, de Vaux, de Puiseux, de Presles, de Challet, de Rennemoulin, de Montbine, de Lèvemont, de Jumeauville, etc. (2).

Jehan de Vion, premier du nom, écuyer, seigneur des Mureaux, de Puiseux, d'Huanville et de

(1) *Registre de Saint-Nicaise.*

(2) Voir les *Quartiers des chevaliers de l'ordre de Malte,* t. II, p. 67. — *Recueil des noms et armes des grands maîtres et chevaliers de l'ordre de Saint-Jean de Jérusalem,* t. I, p. 308.

Moulignon. épousa Marie de Janailhac, dame de Guitrancourt.

Il fixa sa résidence au château qu'il fit bâtir en sa seigneurie des Mureaux, sur l'emplacement qu'occupait précédemment le manoir du prieuré et dans lequel il mourut le 27 octobre 1537 (1). Il fut inhumé en l'église Saint-Nicaise, de Meulan, à côté de sa femme décédée dès le 1er décembre 1512. Les écussons de ces deux seigneurs, lors de la Révolution de 1793, se voyaient encore sur la pierre qui recouvrait leur sépulture.

Ces armes étaient : *de gueules à 3 aigles d'argent au vol abaissé, becquées et armées d'or* pour de Vion, et *d'azur à la fasce d'argent chargée d'un lion léopardé d'azur et accompagnée de 6 molettes d'éperon d'or* pour de Janailhac.

Des six enfants que Jehan de Vion avait eus de son mariage, cinq étaient encore vivants lors de la mort de leur père (2). Ils se partagèrent sa succession aux *us et coutumes* du comté de Meulan.

Guillaume de Vion, le cadet, fut seigneur d'Huanville (3) et des Mureaux.

(1) Les restes de ce vieux château, restauré au dix-septième siècle et devenu au siècle suivant une habitation particulière, se voient encore aux Mureaux entre la Grande-Rue et la rue Saint-Roch.

(2) L'acte de partage de la succession de Marie de Janailhac fut passé devant Poilpré, commis au tabellionnage de Meulan, le 26 février 1520.

(3) Huanville était un fief de la seigneurie de Théméricourt, en Vexin.

Né le 12 décembre 1506, il se maria au mois d'octobre 1533, à Marie de Fontaines, dame de Chaudon (1), fille de Guillaume de Fontaines, seigneur de Mormoulin, et de Louise de Gallot de Thuillay, qui lui donna cinq enfants. Elle mourut le 5 juillet 1546. Guillaume de Vion s'unit en secondes noces à Jacqueline de Charny, dame d'Igny. Il mourut au château des Mureaux, le 24 juillet 1571. Sa femme lui survécut jusqu'au 10 janvier 1590. Tous deux furent enterrés en l'église Saint-Nicaise de Meulan (2).

La famille de Fontaines portait : *d'argent à la croix denchée de gueules ;* et de Charny : *de gueules à 3 écussons d'argent.*

Jacques de Vion, premier du nom, l'aîné des enfants du premier mariage, hérita des seigneuries de la Fie et des Mureaux.

Né le 4 mai 1535, il avait embrassé de bonne heure la profession des armes et suivi, à l'expédition de Naples, le duc de Guise, François de Lorraine, dont il s'était fait distinguer par plusieurs actions d'éclat. Il était revenu en France lorsque la perte de la bataille de Saint-Quentin, livrée le 10 août 1557, avait fait, par le roi Henri II, rap-

(1) Le contrat de mariage fut passé, le 12 octobre 1533, devant Guillaume Coquille, commis au tabellionnage de Nogent-le-Roi.

(2) *Obituaire de Saint-Nicaise.*

peler l'armée du duc pour défendre les frontières menacées.

En qualité de capitaine d'infanterie, Jacques de Vion fit, avec le duc de Guise, le siége de Calais qui rendit à la France cette ville que les Anglais possédaient depuis plus de deux cents ans et dont la conquête leur ferma pour toujours l'entrée du royaume français.

Après la paix, signée à Cateau-Cambrésis en 1559, Jacques de Vion vint prendre possession de sa seigneurie des Mureaux, et trois ans plus tard, épousa Marie de Forest, fille de Jacques de Forest, seigneur des Flambertins, et de Marie Cointerel (1). Il continua néanmoins de servir le roi et fut nommé lieutenant au bailliage de Meulan. En cette qualité, il assista comme témoin au contrat de mariage d'une nièce de sa femme, Marie de Forest, avec Jean de Saint-Sauflieu, seigneur d'Erquery. Cet acte fut passé devant Pailleur, notaire à Meulan, le 12 novembre 1593.

Jacques de Vion mourut le 22 septembre 1610, au château de Gaillon dont il avait acquis la seigneurie et où il avait transporté sa résidence. Sa femme lui survécut jusqu'au 11 juillet 1621.

Tous deux furent inhumés en l'église de Vaux,

(1) Le contrat de mariage fut reçu par Brunval, tabellion à Poissy, le 30 septembre 1562.

près Meulan, où leur pierre tombale, au commencement de ce siècle, montrait encore leurs armes, qui étaient : *d'argent à 3 glands de sinople, au chef d'azur chargé de 2 molettes d'éperon d'or à 5 rais,* pour de Forest.

Mathieu de Vion, le second des huit enfants qu'avait eus Jacques de Vion, hérita de la seigneurie des Mureaux.

IX

Seigneurie de Bêcheville.

En prenant possession de son héritage, messire Mathieu de Vion trouva fort endommagé par les soldats de la Ligue le château bâti par son bisaïeul, Jehan Ier, en la seigneurie des Mureaux.

Il le fit restaurer et s'y installa. Mais bientôt il acquit de messire Nicolas Davanne, prieur de Saint-Nicaise, « une maison de simple apparence cons-« truite dans un enclos de vj arpents d'étendue sis « au mont Mainfroy, en la paroisse des Mureaux. » Il la fit ériger en fief sous le nom de terre de Becheville, avec 17 arpents de pâture, un moulin et 38 arpents de bois et de guérets, à raison desquels il était dû xxv sols vj deniers de *cens* à monseigneur Saint-Nicaise.

Ce fut dans ce domaine, agrandi et approprié à une résidence seigneuriale, que messire Mathieu de Vion transporta sa demeure et épousa Madeleine Bochart de Champigny qui lui donna quatre fils.

Il mourut le 25 février 1645 et fut enterré en la nouvelle église des Mureaux (1).

Jacques de Vion, deuxième du nom, l'aîné de la famille, hérita des seigneuries de Bécheville et des Mureaux ; le cadet fut chevalier de l'ordre de Malte ; un autre embrassa la carrière ecclésiastique et le dernier mourut au service du roi.

Le nouveau seigneur des Mureaux et de Bécheville épousa Madeleine d'Ailly, dont il eut cinq enfants. Cette dame, suivant un procès-verbal d'arpentage dressé à sa requête par un sieur Vaudran, le 16 janvier 1673, fit saisir la seigneurie de Bécheville pour se couvrir des reprises qu'elle avait à exercer sur les biens de son mari à cause de la séparation obtenue contre lui (2).

Après la mort du mari, les fils procédèrent avec la veuve au partage des biens.

La seigneurie de Bécheville fut le lot de Jean-Paul de Vion ; celle des Mureaux demeura au fils aîné de la maison, Jacques de Vion, troisième du nom, qui par son testament devant Me Leroux, no-

(1) *Obituaire de Saint-Nicaise*. Obit solennel le premier vendredi de carème et messe basse les vendredis des Quatre-Temps.

(2) *Cartulaire de Saint-Nicaise.*

taire à Mortagne, en date du 28 juillet 1710. institua pour légataire de ses propres, chacun pour moitié, MM. de Hallot de Saint-Cyr.

Ce testament fut confirmé, par arrêt du Parlement, le 15 avril 1712.

Depuis cette époque, le domaine des Mureaux vendu, partagé, et, à chaque transmission, amoindri, n'offre plus d'intérêt aux recherches de l'historien.

Quant à la seigneurie de Bécheville, elle fut acquise des héritiers de Jean-Paul de Vion par messire Etienne Ferrant, seigneur de Flins, qui la transmit à sa fille unique, mariée à messire Raoul-Antoine de Saint–Simon, vicomte de Courtomer.

Ce seigneur en rendit *foi et hommage* au monastère de Saint-Nicaise, le 13 juillet 1728 (1).

Jacques-Etienne de Saint–Simon, son fils, vendit les terres de Flins et de Bécheville à Me Sauveur-François Morand, chevalier de l'ordre royal de Saint-Michel et chirurgien-major de l'hôtel des Invalides, à Paris. Le contrat d'acquisition, passé devant Me Brochard, notaire à Paris, est du 19 décembre 1753.

Me Morand rendit *foi et hommage* de son fief de Bécheville au prieur de Saint-Nicaise le 17 mai suivant (2).

(1) *Cartulaire de Saint-Nicaise.*
(2) *Ibidem.*

Cette seigneurie, au mois de septembre 1770, passa aux mains de M. Pierre-Louis Randon de Lucenay, mestre de camp de cavalerie, chevalier de Saint-Louis (1), qui la posséda au moins jusqu'en 1789, car, à cette époque, il écrivait à M. Lévrier, lieutenant général au bailliage de Meulan, « qu'il faisait remise aux habitants de cette ville « du *droit de péage* qu'il y possédait, suivant en « cela la nouvelle voie inaugurée par le roi qui, « suspendant l'exercice d'une autorité absolue que « ses prédécesseurs avaient paru si jaloux d'agran- « dir, donnait un exemple bien fait pour ramener «. les citoyens de tous les ordres à des principes « d'équité et de bienfaisance dont l'application de- « vait laisser loin d'eux l'intérêt personnel, tou- « jours ennemi du bien public. »

Ces sentiments partaient d'un noble cœur.

M. Randon de Lucenay fut, en effet, l'un des premiers gentilshommes de l'Ile-de-France qui adhérèrent au projet de convocation des États-Généraux. Mais il devait être l'une des victimes de cette révolution dont la réunion de ces États fut le prélude : possesseur de nombreuses *censives*, il fut ruiné par l'abolition des droits féodaux.

(1) Les armes des Lucenay étaient : *de gueules à* 3 *têtes de léopard d'or* 2 *et* 1. (Communication de M. Adrien Maquet, membre correspondant de la Société archéologique de Rambouillet.

Mise en vente, la seigneurie de Bécheville fut acquise par un gros négociant, M. Bidermann, et revendue quelques années plus tard à M. le comte Daru, homme d'État, littérateur distingué et administrateur militaire de premier ordre, qui la posséda jusqu'à l'époque de sa mort (1).

M. Napoléon Daru, son fils aîné, ancien député de la Manche, ancien ministre, aujourd'hui sénateur, est maintenant propriétaire du domaine de Bécheville.

X

La ville actuelle.

Pour terminer l'histoire des Mureaux, intitulée *Histoire de trois villes*, à cause des déplacements et des diverses transformations de ce centre de population, on serait presque tenté d'écrire, en voyant son accroissement, qu'une quatrième ville est en voie de formation.

Née du commerce, la vieille cité a connu tour à tour la splendeur et la misère ; plus encore qu'un centre agricole, elle a souffert dans le passé des maux que la guerre et l'invasion entraînent à leur

(1 M. le comte Daru a écrit une *Histoire de Venise*, fort estimée ; il fut ministre de la guerre en 1811.

suite ; mais depuis l'établissement aux Mureaux d'une station du chemin de fer de Normandie, dont le trafic et l'importance vont croissant d'année en année, une ère nouvelle de prospérité s'ouvre pour cette ville : de nombreuses maisons se sont bâties et forment aujourd'hui tout un quartier neuf sur la route de Meulan à Ecquevilly ; une rue entière, la *rue de Maule*, a été bordée tout récemment de charmantes *villas ;* une usine importante vient de s'établir auprès de la route de Meulan à Flins ; et sur la rive de la Seine, près de l'endroit même où venaient aboutir les vieux ponts de bois de la *ville aux gros murs,* une coquette habitation a été créée qui, dans les fouilles nécessitées pour l'assise de ses fondations, a fait retrouver quantité d'objets appartenant à la cité gallo-romaine (1).

La commune des Mureaux tend donc à reconquérir sa primitive importance.

Le dernier recensement lui donne 1,394 habitants. A la fin du siècle dernier, cette paroisse, alors sous le patronage de l'abbaye du Bec, ne comptait que 150 feux et, détail caractéristique, à peine dans toute son étendue pouvait-on trouver

(1) Ces objets, avec ceux que nous possédons nous-même et que nous connaissons aux Mureaux, seront reproduits dans le bel album que prépare en ce moment M. Guégan de Lisle, notre aimable collègue de la *Société des lettres, sciences et arts de Seine-et-Oise,* sur les monuments gallo-romains et préhistoriques du département.

deux charrettes pour le transport des denrées et
les besoins de l'agriculture : tout le travail s'y faisait de main d'homme, à dos d'ânes, ou au moyen
de *harasses* (1) par quelques mauvaises haridelles.
Aujourd'hui, chaque cultivateur possède au moins
un cheval et une voiture ; bon nombre d'établissements industriels s'y sont fondés ; et, depuis trente
ans, le rendement des impôts a plus que doublé.

Pour reprendre le rang qu'elle a jadis occupé,
la ville tout entière fait d'ailleurs de grands efforts
et s'impose de nobles sacrifices : la maison com-
munale et de magnifiques écoles ont été récemment
édifiées ; l'église, quoique bien pauvre encore, a
été embellie ; de grands travaux de voirie ont été
effectués, d'autres sont en cours d'exécution ; l'eau
et le gaz sont partout distribués dans la ville, grâce
surtout à l'initiative et à la persévérance de M. To-
nichon, le hardi promoteur de la canalisation des
eaux de Meulan et l'intelligent restaurateur de l'é-
glise de Mézy ; enfin, par les soins de M. le comte
Daru, le vieux manoir de Bécheville a fait place à
un élégant château dont les indigents des environs

(1) Sorte de bât formé de deux perches plus ou moins
longues et garnies de crochets auxquels on suspendait
les gerbes.

connaissent parfaitement le chemin, et sur la porte
duquel l'architecte aurait pu, sans craindre aucune
interprétation fâcheuse par le déplacement de la
virgule, inscrire, avec une légère variante, le vers
latin de la fameuse abbaye d'Asello :

Porta, patens esto, nulli claudaris *egeno*.

Bon succès donc à la courageuse cité, puisqu'elle
met si bien en œuvre la devise de ce grand pa-
triote qui avait nom Jacques Cœur et dont le désin-
téressement, joint à l'amour de la patrie, contribua
tant, à une époque néfaste, au relèvement de notre
belle France :

A cœur vaillant, rien impossible.

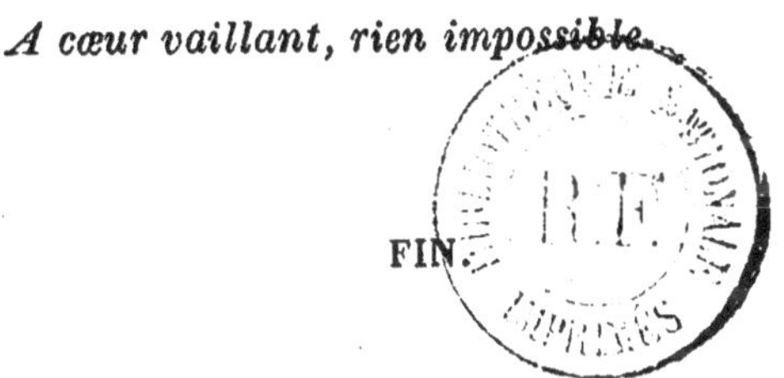

FIN.

Imprimerie de RAYNAL, à Rambouillet.